BEI GRIN MACHT SICH
WISSEN BEZAHLT

Daniela Schröder

Post-Demokratie nach Crouch

GRIN Verlag

Bibliografische Information der Deutschen Nationalbibliothek:

Die Deutsche Bibliothek verzeichnet diese Publikation in der Deutschen National-bibliografie; detaillierte bibliografische Daten sind im Internet über http://dnb.d-nb.de/ abrufbar.

Impressum:

Copyright © 2009 GRIN Verlag GmbH
Druck und Bindung: Books on Demand GmbH, Norderstedt Germany
ISBN: 978-3-656-48634-3

Dieses Buch bei GRIN:

http://www.grin.com/de/e-book/231857/post-demokratie-nach-crouch

Post-Demokratie nach Crouch

- Über die Entwicklung der Demokratie im 21. Jahrhundert

Hausarbeit von Daniela Schröder

Im Kurs Gesamtgesellschaftliche Strukturen

Im WiSe 2008/09

Einleitung

In seinem Buch „Postdemokratie" beschäftigt sich der Politikwissenschaftler und Soziologe Colin Crouch mit der Entwicklung der Demokratie im 21. Jahrhundert. Dabei begreift Crouch die Demokratie in der Praxis nicht als unveränderlichen Zustand, sondern als Prozess, als Kontinuum mit parabelförmigem Verlauf, das sich unterteilen lässt in eine Prä-Phase, eine Phase der Validität und – im Abschwung der Parabel – als Post-Phase (1). Diese Postphase, in der die formalen Merkmale der Demokratie fast gänzlich erhalten bleiben, jedoch die (direkt-) demokratischen Mechanismen an Funktionalität und Substanz verlieren, soll in den nachfolgenden Ausführungen näher erläutert werden (2).

Über das Demokratieverständnis

In einer Demokratie nach sozialdemokratischem Ideal trifft das Volk politische Entscheidungen in kollektiven Prozeduren, d.h. es beteiligt sich direkt (z.B. durch Referendum) oder indirekt (Parlament/Repräsentanten) an der Ausformung politischer Normen und an der Gestaltung der politischen Agenda. Die Basis hierfür bildet der kritische, informierte Bürger mit einem Mindestmaß an politischem Sachverstand, der sich über die Wahl hinaus aktiv für seine Belange und Interessen einsetzt (3).

Dem gegenüber steht ein Verständnis der Demokratie nach liberalem Modell, bei dem sich die Partizipation der Massen auf die Beteiligung an Wahlen beschränkt; sonstige Einflussnahme erfolgt vielfältig über Interessengruppen bzw. Lobbys. Ein weiteres Kennzeichen dieses Ansatzes ist der ausdrückliche Wunsch nach einem Staat, der sich auf ein Mindestmass an Regulation und Steuerung der Wirtschaft beschränkt, der sich eher selbst als Unternehmen versteht und verschiedene seiner Aufgaben an die private Ökonomie vergibt (4). Vorreiter dieses Demokratie-Modells sind in erster Linie die USA, welche allerdings eine große Strahlkraft und Vorbildfunktion auf andere demokratische Staaten haben (5).

Durch die Verwirklichung der Demokratie nach sozialdemokratischem Modell im 20. Jahrhundert, welche durch den ökonomischen Imperativ aus Massenproduktion und – Konsumption sowie verschiedene gesellschaftliche Rahmenbedingungen flankiert wurde, kam es zu einer Kompromissbildung zwischen den Interessen der abhängig Beschäftigten und denen der Wirtschaft, die ihren Niederschlag z.B. in der Ausformung von wohlfahrtsstaatlichen Maßnahmen und einer keynesianischen Wirtschaftspolitik fand. Dem Staat kam dabei vor allem die Aufgabe der Steuerung und Regulation der Ökonomie bzw. die Beschränkung privater Macht und Einflussnahme sowie die Artikulation gesamtgesellschaftlicher Interessen zu.

Crouch sieht nun einen Trend der westlichen demokratischen Staaten zu einer Entwicklung nach liberalem Demokratieverständnis und somit die Gefährdung des egalitären Projektes (6): Nach einem sozialdemokratischen Verständnis erfordert Demokratie ein gewisses Maß der politischen Gleichheit aller Bürger, was die Möglichkeiten zur Partizipation an politischen Entscheidungsprozessen betrifft. Diese Gleichheit sieht er in einer liberalen Demokratie durch die unterschiedliche Potenz der Interessengruppen gefährdet: Während Lobbys der Wirtschaft in der Regel nicht nur mehr Geld zur Verfügung haben, sondern auch eventuelle Kosten für die Artikulation und Durchsetzung („Werbungskosten") als Investition verbuchen können (da sie ja nach der Durchsetzung einen geldwerten Vorteil erwarten können) , so haben auf der anderen Seite z.B. karitative Interessengruppen nicht nur weniger finanzielle Macht, sondern auch bei der Durchsetzung ihrer Belange per definitionem keine monetären Gewinne zu erwarten. Für sie sind Kosten gleich Ausgaben (7).

Daher sind in einer liberalen Demokratie verschiedene Verflechtungen zwischen Politik und Wirtschaft und ein gleichzeitiges Abnehmen der demokratischen Mechanismen zu erwarten, die zum Rückbau vieler Errungenschaften des 20. Jahrhunderts führen (8).

Diese Verflechtungen, ihre Akteure und die verschiednen Dynamiken zwischen ihnen sollen im nächsten Teil näher betrachtet werden.

Postdemokratie

In einer Postdemokratie kommt es auf der einen Seite zu einer verstärkten Einflussnahme der Ökonomie auf die Politik, auf der anderen Seite zu einer Schwächung der demokratischen Mechanismen wie die kollektive Partizipation an der Ausgestaltung der politischen Agenda.

Globale Unternehmen

Die globalen Unternehmen, oft nur noch als anonyme Finanzakkumulationen existent (9), die keiner abgrenzbaren Gemeinschaft mehr zur Loyalität verpflichtet sind (Loyalität einzig gegenüber den shareholdern (10)) und die sich – durch die Schrankenlosigkeit des Kapitals – schnell und flexibel über alle Landesgrenzen hinweg bewegen können, versetzen die einzelnen Staaten in einen Wettbewerb um den besten, d.h. für ihre Belang günstigsten Standort aus. Dieses *race to the bottom* z.B. bzgl. der Besteuerungshöhe für Unternehmen oder dem Schutz der Beschäftigten durch das Arbeitsrecht, führt zu einer Abnahme der Qualität der öffentlichen Leistung – mit Ausnahme der Güter, welche für die Unternehmen von Interesse sind wie z.B. der Ausbau der Infrastruktur oder das Fachwissen der Arbeitnehmer (11).

Rückbau des öffentlichen Sektors und seine Kommerzialisierung

Parallel kommt es in der Politik der Postdemokratie zu einem Paradigmenwechsel: Der politische Betrieb löst sich von seinem bisherigen Ethos, primär dem Volk gegenüber verpflichtet zu sein und gleicht seine Praktiken denen der Unternehmen an. So kommt es zum Rückbau des öffentlichen Sektors und zu seiner Kommerzialisierung: Verschiedene Leistungen des öffentlichen Dienstes werden „outgesourced", private Unternehmen übernehmen in vielen Bereichen die Aufgaben des Staates. Einzig von der Wirtschaft ungeliebte, weil schlecht kapitalisierbare Verpflichtungen verbleiben im Staatsbetrieb (12). Hinter dieser Entwicklung steht auch ein geschwächtes Selbstbewusstsein der Politik und ihrer Parteien. Während im 20. Jahrhundert noch die Fähigkeit der Politik zum Erkennen und Steuern langfristiger gesellschaftlicher und ökonomischer Entwicklungen das wichtigste Argument für keynesianische Wirtschaftpolitik war, gilt heute mehr und mehr die Auffassung, dass einzig die private Wirtschaft in der Lage sei, diese Entwicklungen abzuschätzen und die richtigen Instrumente zu ihrer Steuerung zu schaffen. Somit begibt sich die Regierung und begeben sich die Parteien in eine Abhängigkeit vom Wissen und den Fertigkeiten der Spitzenmanagern und Beratern, die diesen wiederum einen privilegierten Zugang zu Politik und zur Verwaltung ermöglicht. Crouch sieht hierin eine Parallele zu vordemokratischen Zeiten und zur „Günstlingswirtschaft" bei Hofe, bei der z.B. die Vergabe von öffentlichen Aufträgen entscheidend von den persönlichen Beziehungen zwischen politischer und privatwirtschaftlicher Sphäre geprägt war (13).

So führt die Bedeutungszunahme der Triangulation aus (Spitzen-) Politiker, Beratern und Lobbyisten zu einer Verformung der Parteien selbst. Aus dem Ideal-Modell der demokratischen Parteien mit ihren konzentrischen Kreisen, wobei die Parteiführung den innersten Kreis bildet, wird ein Modell, bei dem sich der innere Zirkel zu einer Ellipse ausformt, an deren Spitzen Berater und Interessensvertreter der Wirtschaft stehen. Wirtschaftliche Macht geht über in politische Macht (14). Für Crouch ist diese Entwicklung a) prä-demokratisch, weil Partikularinteressen Eingang in die Politik finden und b) post-demokratisch, weil auf Meinungsforschung (Berater richten sich in ihren Empfehlungen i.d.R. nach MaFo-Ergebnissen) und die politische Arbeit von Experten gesetzt wird (15).

Unübersichtlicher Wandel der Klassenstruktur

Neben der Einflussnahme durch die Ökonomie sehen sich die politischen Parteien in der Postdemokratie mit verschiedenen gesellschaftlichen Herausforderungen konfrontiert. Nicht nur, dass ihnen ihre Wähler selbst nicht mehr die Fähigkeit zum Treffen der „richtigen" Entscheidungen für die Gemeinschaft in der Zeit der Globalisierung zutrauen – auch ihre traditionellen Zielgruppen zerfasern zunehmend. So ging mit dem Aufstieg der Dienstleistungsökonomie der Abstieg der (Industrie-) Arbeiterklasse und ihres Einflusses auf die gesamtgesellschaftliche Gestaltung einher – was infolge zum Einflussverlust der klassischen Arbeiterparteien führte. Diese wiederum versuchten nun auch nicht-manuell Arbeitenden eine neue politische Heimat zu sein und verloren zunehmend an Profilschärfe, so dass sich bald weder die Arbeiter noch die Angestellten durch sie repräsentiert fühlten (Niedergang der Volksparteien). Auch wurde von den Parteien das Aufkommen neuer Gruppen wie den atypisch Beschäftigten oder der Frauen, die seit den 60er Jahren verstärkt auf den Arbeitsmarkt drängen, weitestgehend verschlafen. Die Fragmentierung der Gesellschaft und die Unfähigkeit der Parteien, sich diesen neuen heterogenen Gruppen, denen ein arbeitsverhältnisbezogener Zusammenhalt fehlt, als politischer Ansprechpartner zu präsentieren, führt also zu einer zusätzlichen Schwächung der Parteien (16). Crouch merkt an dieser Stelle an, dass die von liberaler Seite propagierte Auflösung der Klassen bzw. das Leugnen ihrer Existenz allein schon ein Zeichen der Postdemokratie sei. In nichtdemokratischen Gesellschaften werden Klassenprivilegien zur Schau, in der Demokratie werden sie zugunsten der unteren Schichten in Frage gestellt - in der Postdemokratie wird ihre Existenz schicht geleugnet (17).

(Mediale) Inszenierung von Politik

Durch die Zunahme der Bedeutung von Massenmedien sehen sich sowohl Politiker als auch Wähler vor neue Herausforderungen gestellt: Politiker müssen lernen, sich über „den Äther" zu präsentieren, die Wähler müssen nach Möglichkeiten suchen, diese Präsentation nach neu zu findenden Kriterien zu bewerten.

Das Buhlen der Politiker um das Interesse der Wähler mit den Mitteln der neuen (Massen-) Medien führt zu einer Veränderung der politischen Kommunikation: Politische Nachrichten werden zu kurzlebigen Konsumgütern, die sich in ihrem Design an die Gestaltung von Werbung für Produkte anlehnen. So werden heute von Politikern immer mehr *sound bites,* d.h. einfach zu konsumierende Botschaften ohne Rekurs-Möglichkeit medial gestreut und Pseudostatements verbreitet statt detaillierte Argumentationsfolgen aufgezeigt. Das Niveau der politischen Diskussion sinkt, der öffentliche Diskurs verkommt (18).

Crouch weist in diesem Zusammenhang auf die doppelt negative Wirkung von PR-Beratern und *spin doctors* hin (Reduktion der politischen Agenda auf wahlkampftaugliche Themen; negative Wirkung auf Wähler, fördert Politikverdrossenheit) und bemerkt einen Trend zur Personalisierung sowie die Konzentration der medialen Macht in wenigen Händen (19).

Bürger und Medien

Der Wähler wiederum sieht sich vor die Aufgabe gestellt, die Inszenierung von Politik zu erkennen und kritisch auf ihren Aussagegehalt hin zu überprüfen. Dieser Herausforderung sind – nach Meinung von Crouch – viele Adressaten der politischen Werbebotschaften nicht gewachsen. Wenn es auch mediale Inseln der politischen Information gibt, die detaillierte Einblicke in die Politik und ihre Hintergründe ermöglichen, so ist die Masse der Bürger – ohnehin schon bzgl. der Möglichkeiten der Demokratie desillusioniert und in Alltagsproblemen verhaftet - eher der Verführung durch das „Werbesprech" der Polit-

Inszenierung anheim gefallen (20). In Folge dessen beschränkten sie sich auf die Wahrnehmung ihrer negativen Bürgerrechte (22), d.h. sie tadeln heute bevorzugt das Fehlverhalten der politischen Klasse (egal, ob es sich dabei um politisches oder privates Fehlverhalten geht), das ihnen medial aufbereitet präsentiert wird, als dass sie mit den gewonnenen Informationen produktiv umgehen, ihre exakte Darstellung einfordern und aktiv ins Geschehen eingreifen.

Weitere Indikatoren für Postdemokratie

Nach Crouch gilt das Umsichgreifen von Korruption als zusätzlicher Indikator für eine postdemokratische Entwicklung: Sie sei ein Zeichen für den aufkommenden Zynismus und die Amoralität der politischen Klasse, die sich scheinbar keiner kritischen Überprüfung durch das *demos* mehr ausgesetzt fühlt. Zudem werde hierdurch die Abgeschnittenheit der politischen von der gesellschaftlichen Sphäre deutlich (22).

Ein wichtiger, weil besonders beunruhigender Indikator ist zudem der „Rechtsruck", der durch viele westliche demokratische Parteien geht. Rechte Parteien werden – nach Crouch – wieder gewählt, weil sie ein klares Profil anbieten und die Vertretung der Interessen der einheimischen Bevölkerung versprechen: Mobilmachung gegen alles Fremde und besonders gegen die „bösen Immigraten, die uns die Arbeitsplätze wegnehmen" in Kombination z.B. mit basisnahen Freizeitangeboten (NPD-Freizeitkamps in BRD) führen zu einer Wahrnehmung dieser Organisationen als die Parteien „des kleinen Mannes", der sich von allen anderen Parteien verlassen fühlt (z.B. Lijst Pim Fortuyn in den Niederlanden). Als letzten Indikator lässt sich noch die Marginalisierung der Gewerkschaften nennen, deren Niedergang sich durch den parabelförmigen Verlauf, den auch die Arbeiterklasse und ihr Einfluss aufweisen, und durch die Fragmentierung der Bevölkerung, die dem unübersichtliche Klassenwandel folgt, erklären lassen (23).

Postdemokratie – Unvermeidliche Entwicklung?

Crouch kommt in seinen Ausführungen auch auf die Frage zu sprechen, ob nicht die Entwicklung der Demokratie weg von ihrem Ideal und hin zur einer neuen, den veränderten Bedürfnissen der Akteure angemessenen Form ein natürlicher, evolutionärer Vorgang wäre. Hierzu nimmt er zunächst die Position der Egalitaristen ein: „Es kommt nicht darauf an, ob eine Regierung die demokratischen Verfahren manipuliert, solange sie die Macht und den Reichtum in der Gesellschaft gleichmäßig verteilt." (24). Und auch die Perspektive der konservativen Demokraten wird angesprochen, wenn er schreibt, dass ein höheres Niveau in öffentlichen Diskussionen nicht unbedingt zu einer gerechteren Politik führe (25). Doch bezieht er letztlich und unter Verweis auf verschiedene tief greifende Konsequenzen der postdemokratischen Entwicklung - wie den Abbau des Wohlfahrtstaates, das Wachsen des Wohlstandsgefälles zwischen arm und reich und der mangelhaften Umverteilung durch das Steuersystem – gegen diesen Trend Stellung und macht verschiedene Vorschläge, wie er aufzuhalten wäre (26).

Und jetzt?

Im letzten Kapitel seines Buches führt Crouch einige Lösungsansätze auf, die der postdemokratischen Entwicklung entgegenwirken könnten. Diese sollen hier kurz besprochen werden.

Begrenzung des Einflusses ökonomischer Eliten

Crouch identifiziert rasch die Herausforderung auf der ökonomischen Ebene, gleichzeitig die Dynamik des Kapitals und den Unternehmergeist zu erhalten und den Einfluss der Wirtschaft auf die Politik zu begrenzen (27). Auf internationaler Ebene hält er die Begrenzung aufgrund der Flexibilität des Kapitals und seine Akkumulation in den Phantomunternehmen für nahezu unmöglich, schlägt aber die Unterstützung der EU als Alternative zu dem liberalen US-Modell für demokratische (Nicht-) Steuerung vor (28). Insgesamt setzt er aber eher auf die Regulation auf nationaler Ebene, so z.B. die Abschaffung oder zumindest starke Einschränkung von Geld- und Personalbewegungen zwischen Parteien, Beratern und Lobbys oder die Klärung und gesetzliche Regelung der Kriterien für öffentliche Ausgaben. Zudem solle im öffentlichen Dienst die Idee eines eignen Ethos wieder belebt und sein Ansehen gestärkt werden. Ferner dürfe Sponsoring nicht weiter mit Einflussnahme verbunden sein (29).

Aufhebung des Dilemmas des Bürgers

Der Bürger in der Postdemokratie befindet sich in einer ambivalenten Situation: Auf der einen Seite fühlt er sich von den etablierten Parteien nicht mehr ausreichend vertreten und überlegt ein Engagement, wenn überhaupt, in einer der Interessengruppen/NGOs. Auf der anderen Seite spielt eine Zerfaserung der politischen Landschaft jenseits der Parteipolitik eher dem liberalen Ansatz und den ökonomischen Lobbys in die Hände. Der Autor dazu: „Die Parteien abzuschreiben bedeutet, sich an der postdemokratischen Verschwörung zu beteiligen." (30). Also muss, nach Crouch, weiterhin die zentrale Rolle der Parteipolitik zukommen. Dabei gelte es jedoch nicht einzig auf den Einfluss *durch* die Parteien zu setzten, sondern auch von außen über Interessengruppen Einfluss *auf* sie zu nehmen, ihre Aktivitäten zu belohnen oder zu bestrafen (31). Überhaupt geht er in diesem Kapitel auf die Möglichkeiten von NGOs ein und betont die kreative Kraft, die Momenten der Irritation und der Konfrontation innewohnt. Dabei setzt er auf die Betonung der inhaltlichen Ebene bei der Bewertung dieser Organisationen und lässt Kritik nicht gelten, die einzig die formalen Kriterien zulässt und viele NGOs wie z.B. die vielfältig ausgerichteten Gruppen der Globalisierungsgegner, als antidemokratisch und einzig von destruktivem Negativismus geprägt abqualifiziert (32). An anderer Stelle spricht er von den Möglichkeiten zur Gründung und Organisation einer solchen Interessengruppe auf günstigem und flexiblem Wege durch die neuen Medien (Internet). Es bedarf also einer Reform der politischen Praxis, welche die Handlungsmöglichkeiten des einzelnen Bürgers stärkt.

Im weiteren Verlauf kommt Crouch noch auf die revolutionäre Ansätze von Schmitter (33) zu sprechen, wie den direktdemokratischen Ansatz zur Parteifinanzierung oder die Berufung einer Bürgerversammlung nach antikem Vorbild um das Demokratie- und Politikverständnis der Bürger zu schulen und sie zur politischen Beteiligung zu motivieren. Insgesamt betont er die Bedeutung der kommunalen und regionalen Politik und ihre vielfältigen Möglichkeiten für den „normalen" Wähler zur Einflussnahme (34).

Fazit

Nach Crouch muss um einer postdemokratische Entwicklung entgegenzuwirken, neben der Beschränkung der Einflussnahme von ökonomischen Eliten auf die Politik, die Rolle des Bürgers in den Mittelpunkt gerückt werden. Dies solle zum einen durch ihn selbst geschehen über die aktive politische Tätigkeit in den verschiedenen politischen Organisationen und NGOs als auch durch die Parteien, die seine Belange wieder verstärkt in den Fokus nehmen müssen. Diese Belange sieht der Soziologe und Experte für Arbeitsmarktentwicklungen vor allem bei den Problemen in der Arbeitswelt angesiedelt: „Wenn wir wollen, dass die Menschen dass Gefühl haben, die Politik habe auch für ihr Leben eine Bedeutung, wenn wir wollen, dass neue kollektive Identitäten entstehen können, dann ist es unerlässlich, politische Programme zu entwickeln, bei denen die Probleme auf dem Arbeitsmarkt im Mittelpunkt stehen." (35).

Persönliche Anmerkung der Autorin

Nicht nur scheint mir Crouch´s Analyse des Ist-Zustandes der Demokratie sehr schlüssig und zutreffend, auch die Ausführungen zu den einzelnen Akteuren und die Verflechtungen zwischen ihnen deckten sich mit meiner eigenen Wahrnehmung und Kenntnis.

Besonders unterstütze ich seinen Lösungsansatz, die Rolle des einzelnen Bürgers und seine Interessen verstärkt in den Fokus zu nehmen. Allerdings bin ich der Ansicht, dass dies vor allem durch die Parteien und ihre Programme realisierbar ist. Sie haben ein valides Interesse an der Zustimmung möglichst vieler Wähler und verfügen über ein administratives System, das eine Organisation der Aktionen und eine großflächige Artikulation der aufgegriffenen Bürgerinteressen ermöglicht. Demgegenüber sind – bislang – andere politische Organisationen und NGOs in ihren Möglichkeiten begrenzt. Eine zweigleisige Entwicklung dieser beiden Äste zur politischen Partizipation kann ich aber uneingeschränkt unterstützen.

Auch halte ich seine Empfehlung, den zentralen Ansatzpunkt für die Parteien bei den Problemen der Arbeitswelt zu setzen, für sehr schlüssig: Wenn die Politik nicht mehr auf die dringenden Probleme der Bürger antwortet, verlieren diese schlimmstenfalls ihr Vertrauen in die Möglichkeiten einer Demokratie und letztlich in das System Demokratie als solches. Dies schafft einen Eingang für rechte Organisationen, ihre Versprechen bzw. Verführungen und für fremdenfeindliche Parolen, denn viele Enttäuschte sind schnell und oft kritiklos dankbar für einen konkreten „Sündenbock", den sie für ihre missliche Lage verantwortlich machen können.

Kritik möchte ich einzig zu seinen Schlussausführungen anmerken: „Wenn es nicht tatsächlich zu jener massiven Eskalation des Protestes und des Widerstandes kommt, auf die diese Demonstranten setzen, was könnte den globalen Unternehmen dann eine solche Angst um ihre Gewinne einjagen, dass ihre Vertreter an den Verhandlungstisch zurückkehren? Wie sollte man sonst Kinderarbeit und andere demütigende Arbeitsverhältnisse beseitigen, den Schadstoffausstoß begrenzen, der schon jetzt die

Atmosphäre zerstört, den verschwenderischen Einsatz nicht-erneuerbaren Ressourcen beenden und verhindern, dass das Ausmaß der sozialen Ungleichheit innerhalb und zwischen den einzelnen Ländern noch größer wird?" (36). Mit diesen Worten gewährt er – meiner Wahrnehmung nach – der Gewalt von Aktivisten im Namen der guten Sache Absolution. Doch ist in meinen Augen Gewalt nur dann legitim, wenn sie von der Mehrzahl der Betroffenen gutgeheißen wird, was aktuell auf z.B. Demonstrationen gegen den G8-Gipfel (zumindest in Deutschland) nicht der Fall ist. Insgesamt plädiere ich für eine gewaltfreie Evolution der Gesellschaft, nicht für Revolution. Also: erst überzeugen und dann – wenn nötig- Steine werfen.

Um diese Evolution voranzutreiben, möchte ich noch eine dritte Dimension für politische Einflussnahme einführen: die Politik mit der Brieftasche, der „politische Konsum". Bei diesem Konzept nimmt der Wähler als Konsument bei jedem Kauf eine politische Entscheidung - er kauft d.h. unterstützt nur Produkte, mit deren Produktionsweise er sich einverstanden erklärt. Dieser Lösungsansatz folgt letztlich der Idee der NGOs, nur kann sie von jedem Wähler auch ohne organisatorischen Überbau verwirklicht werden. Die scheinbare Schwachstelle dieses Ansatzes, das Entfallen einer sozialen Kontrolle durch eine Organisation, sehe ich dabei eher als Stärke: Der Konsument kann entscheiden, wann und in welchem Maße er politisch tätig wird. So wird der moderne und gern unverbindliche Mensch „dort abgeholt, wo er steht", um eine Phrase aus der Marketing-Welt und der Psychotherapie zu bemühen. Dabei setzt das Konzept des politischen Konsums auf die Belohnung durch Distinktion und „das gute Gewissen" – meiner Meinung eine sinnvolle Ergänzung zu den Ansätzen von Crouch.

Quellen

Alle Seitenangaben beziehen sich auf das Buch:

„Postdemokratie" von Colin Crouch, edition suhrkamp, dt. Erstauflage 2008

1.	S. 30		19.	S. 68
2.	S. 33		20.	S. 68
3.	S. 8f.		21.	S. 22
4.	S. 10		22.	S. 17
5.	S. 9		23.	S. 19
6.	S. 13		24.	S. 13
7.	S. 28		25.	S. 13
8.	S. 34		26.	S. 131
9.	S. 52		27.	S. 133
10.	S. 51		28.	S. 135
11.	S. 49		29.	S. 137
12.	S. 57f.		30.	S. 141
13.	S. 53		31.	S. 142
14.	S. 60		32.	S. 150
15.	S. 63 u. 99		33.	S. 143
16.	S. 74		34.	S. 144
17.	S. 71		35.	S. 147
18.	S. 64		36.	S. 157

Lightning Source UK Ltd.
Milton Keynes UK
UKRC020950041218
333421UK00008B/77

* 9 7 8 3 6 5 6 4 8 6 3 4 3 *